DISCOURS

PRONONCÉ le 20 Juin 1790, devant la Société des amis de la Constitution, établie dans la ville de Nismes, par M. l'Abbé CASTAN DE LA COURTADE, Aumônier de la Légion de Beziers, Membre de l'Assemblée électorale au Département de l'Héraut, & Auteur de l'Adresse Aux ames pieuses de France, sur les opérations de l'Assemblée nationale.

MES AMIS ET MES FRÈRES,

La révolution étonnante et divine, qui change la face de cet empire, et lui donne une constitution, remplissoit mon ame de la joie la plus vive et la plus délicieuse. Je voyois avec transport le flambeau de la philosophie chasser enfin de notre horison politique, les ténèbres épaisses de la superstition et du fanatisme. Les sublimes décrets de l'Assemblée nationale sur les droits de l'homme et du citoyen, excitoient dans tous mes sens un enthousiasme de volupté, que je ne pouvois, ni ne voulois contenir. Après avoir essuyé les larmes que les misères humaines me faisoient verser, je disois, avec toute l'effusion de mon cœur : l'homme a enfin secoué,

A

avec indignation contre ses vils oppresseurs, les chaînes pesantes qui l'accabloient depuis tant de siècles; il a recouvré les droits sacrés qu'il tient de la nature: il est libre, il peut enfin avoir son opinion et la manifester, pourvu qu'en la manifestant il ne trouble pas l'ordre public. Sa pensée ne sera plus captive. Le despotisme ne viendra plus se placer entre le ciel et la terre, pour intercepter les hommages que la probité et la vertu rendent à l'Etre Suprême.

Ces idées consolantes effaçoient de mon ame abattue et flétrie, les impressions douloureuses et profondes que l'histoire affreuse des siècles passés avoit faites sur elle. Mon cœur oppressé commençoit enfin à respirer. Je voyois, avec un charme inexprimable, l'aurore brillante du bonheur, se lever sur la France, et revêtir tous les objets des couleurs les plus douces et les plus flatteuses. Je pouvois espérer que tous les Français, ravis de cette admirable Constitution, que nos sages Législateurs ont fondée sur la justice et l'égalité, ne feroient un jour qu'un peuple de frères et d'amis. Je pouvois croire que les mêmes intérêts les réuniroient tous un jour pour former une seule et même famille, malgré la différence de leurs opinions religieuses.

Hélas! mes amis et mes frères, n'étoit-ce qu'une illusion trompeuse, qui fascinoit mon esprit et mon cœur? Quels monstres féroces ont fait évanouir tout-à-coup de si belles espérances, et ont voulu retarder les progrès éclatans des lumières et de la raison? Quel génie funeste a voulu replonger la France dans les ténèbres de l'ignorance et de la barbarie? Quel démon infernal est venu à bout d'en imposer à un peuple qui commençoit à être libre et à être éclairé

sur les vrais intérêts de sa politique. Hélas! il
a plané malheureusement sur nous. Ses ailes
funèbres, étendues sur nos villes et sur nos
campagnes, ont semé par-tout les soupçons,
l'envie, la calomnie, la fureur, la rage, la discorde, la guerre. Le tocsin de la superstition a
retenti dans cette malheureuse Province. Il a
porté l'alarme, la désolation et l'effroi sur les
rives épouvantées du Tarn, dans la ville célèbre des Tectosages, et dans cette Cité, où le
génie des Romains semble respirer encore sur
les monumens qu'on vient admirer de toutes les
parties du monde. Hélas! j'en frémis d'horreur:
le poignard de la St. Barthélemi, couvert de
la rouille de deux siècles, et caché dans le sanctuaire auguste d'un Dieu de paix, a paru au
grand jour. Des hommes atroces l'ont éguisé
contre leurs frères avec une joie barbare. Il a
brillé à mes regards désolés. L'avarice et la dé-
bauche ont quitté l'Autel sacré qu'elles profa-
noient: couvertes du manteau respectable de la
Religion, elles se sont emparées de ce poignard
sacrilège, et ont donné le signal du carnage.
Soudain, des hommes, à qui la révolution de la
France n'inspire que des sentimens de paix et
des paroles de bénédiction, ont été indignement
égorgés. Les ondes du Tarn ont été ensanglan-
tées, et ont roulé les cadavres de vos amis et
de vos frères. Le bruit de leur mort a porté
l'effroi dans l'ame de tous les bons Citoyens.
Des hypocrites et des scélérats, se disant effron-
tément les vengeurs du Ciel, ont parcouru,
comme des lions furieux, la capitale de la Province et les lieux voisins. Pour sauver du nau-
frage de viles richesses, par le moyen desquelles
ils se livroient à un luxe insolent et à une dé-

bauche scandaleuse , ils ont tenté de faire de Toulouse le foyer de la guerre civile. Mais leur fureur a été trompée. Le patriotisme brûlant et la prudence éclairée de la Municipalité, qui veille au Capitole, ont déjoué leurs infames complots. L'égide de Minerve a repoussé tous leurs traits. La honte et l'infamie , dont ils se sont couverts aux yeux de la France indignée, ont été les seuls fruits de leurs attentats.

Les complices de ces monstres impies n'ont pas été découragés de leur défaite. Ils ont soufflé la sédition et la discorde dans cette Ville célèbre où je fais aujourd'hui entendre ma voix, dans ces murs si chers à mon cœur , où je trouve tant d'excellens Citoyens, tant d'amis de la Constitution et de l'égalité. Le fanatisme, déployant toute sa rage , avoit formé l'affreux dessein de vous précipiter , vous les plus ardens défenseurs de la Constitution, dans un abyme de soufre et de flamme , et de faire subir le même sort à l'illustre Assemblée Electorale. Des témoins oculaires sont descendus dans ces souterrains de la mort, et ont été convaincus de l'atrocité inouie, qui me glace d'horreur. Le fanatisme avoit encore résolu de renouveler ici ces scènes sanglantes, qui, sous Charles IX , le bourreau de ses sujets , ont déshonoré le nom français , et voué la mémoire de nos malheureux ancêtres à l'exécration de la postérité. Hélas ! les Citoyens dans le délire se sont armés les uns contre les autres. Le sang a coulé par torrens. On a foulé sous ses pieds les cadavres épars. On a vu le moment où cette Ville n'alloit présenter qu'un monceau lamentable de cendres et de ruines ; car enfin , les malheureuses victimes du fanatisme devoient trouver des vengeurs:

des légions innombrables et intrépides , embra-
sées du feu du patriotisme et de la colère , ont
volé au secours de leurs frères , traînant à leur
suite une artillerie redoutable. Leur glaive , avide
du sang des fanatiques et des ennemis du bien
public , alloit porter par-tout la désolation et le
trépas.

Avant de frapper , elles ont fait entendre en
vain des paroles de paix : en vain elles ont pro-
posé des moyens de conciliation. Que n'ont-
elles pas fait pour épargner le sang humain ?
Des furieux , séduits par l'éclat de l'or et par les
promesses des ennemis de la révolution , n'ont
opposé à leur prudence et à leur douceur que
des transports de rage. Ils ont déclaré une guerre
ouverte à leurs Concitoyens , et ont cherché à
déchirer le sein même de la Patrie : les braves
légions , alarmées des suites affreuses de leurs
complots perfides , n'ont pu contenir leur colère
et leur indignation. Pour sauver l'Etat , menacé
d'un incendie général , ils ont fait briller leurs
glaives et ont immolé des insensés , qui s'obsti-
noient à périr. Les canons foudroyans ont abattu
les foibles remparts dont ils s'étoient entourés ,
et du haut desquels ils répandoient sur les Pa-
triotes le carnage et la mort. Les chefs de re-
belles n'ont opposé qu'une résistance inutile aux
attaques vigoureuses des Légions intrépid s : les
scélérats sont tombés sous les coups redoutables
des bons Citoyens. Les places publiques ont été
teintes de leur sang exécrable : sur leurs cadavres hydeux , l'édifice de la Constitution et de
la liberté a pris une assiette tranquille et inébranlable.

Cependant , au milieu de ces scènes d'horreur
a éclaté l'enthousiasme de la Religion et du Pa-

(6)

triotisme. Des montagnes escarpées des Cevènes
sont descendus des Pasteurs respectables, dont
le caractère pacifique et charitable, faisoit un
contraste frappant avec la rage et la scélératesse
de quelques autres Ministres d'un Dieu de paix.
On a vu ces dignes Pasteurs, suivis des peuples
confiés à leurs soins, venir au milieu des lances
et des piques, se mettre à la tête des Troupes
citoyennes, porter par-tout des paroles de paix,
arracher les coupables au fer des vainqueurs
justement irrités, empêcher, autant qu'ils le
pouvoient, le pillage et l'incendie des maisons,
prêcher la concorde et la soumission aux décrets
de l'Assemblée nationale, faire des efforts incroya-
bles pour rétablir l'ordre et la tranquillité, ex-
poser leurs têtes vénérables au poignard des assassins, en les conjurant, les larmes aux yeux,
d'obéir à la Loi, et de rentrer dans le devoir (1).

Voilà, mes amis et mes frères, le triomphe
de la Religion : voici celui du patriotisme. L'Assemblée Electorale, immobile au milieu de l'orage, a continué ses glorieux et pénibles travaux.
Quoique la Ville fût dans une confusion épou-
vantable, l'ordre, la majesté, la gravité, la
décence, ont régné dans cette Assemblée, com-
posée de l'élite des bons Citoyens. Le bruit des

---

(1) Ces respectacles curés ne sont pas les seuls qui, dans
cette révolution, annoncent des sentimens si pieux & si
patriotiques. Les protestans eux-mêmes sont animés des
mêmes principes, comme l'a manifesté au nom de tous ses
frères, dans l'Assemblée électorale de l'Herant, M. Dupui,
médecin de Clermont de Lodève. J'ai conféré plusieurs
fois avec cet excellent patriote, pendant le temps que
l'Assemblée électorale étoit en activité à Montpellier, &
je me suis convaincu que la philosophie commençoit à lier
tous les hommes, & à les rendre frères.

canons n'a pas interrompu leurs intéressantes délibérations. Le cliquetis des armes, les cris des combattans, les gémissemens des mourans et des blessés, le son des trompettes guerrières, le fracas horrible des tours qui s'écrouloient, n'ont pas troublé la sérénité de leur ame. Fidelles à remplir les fonctions honorables dont ils étoient chargés, ils n'ont eu devant les yeux, en formant le département du Gard, que la Patrie et le bien public. Voyant la Maison Commune abandonnée par ses Officiers Municipaux, ils ont pris en main l'administration des affaires, et ont veillé avec une persévérance héroïque à la sureté des habitans consternés de tant de désastres. Telle on a vu l'Assemblée Nationale, au commencement de la révolution, étonner l'Europe par la fermeté et le patriotisme qu'elle déployoit au milieu des tempêtes horribles, qui l'agitoient, qui menaçoient de l'engloutir dans le sein de la confusion et de l'anarchie ; telle on l'a vue ferme et inébranlable au milieu des convulsions de l'Empire français, qui sembloit s'écrouler de toutes parts.

Cependant les vainqueurs ont répandu des larmes sur les cadavres de leurs ennemis, et détesté leur funeste, mais utile victoire. Ils n'ont pu se consoler de la dure nécessité où ils étoient de les écraser, qu'en réfléchissant qu'ils avoient été immolés au salut public. L'amour de la Patrie les a rendus, pour ainsi dire, cruels; mais leur cruauté apparente a procuré un avantage inappréciable, puisqu'elle a éteint le feu de la discorde et de la rebellion.

Mais qui a mis fin, sur-tout dans cette Ville infortunée, aux horreurs de la guerre civile, qui étoit déjà allumée? Ce sont les Membres respectables du département du Gard : ce sont ces mortels courageux et pacifiques, qui en ont fièrement imposé à la superstition et au fanatisme, qui ont voulu jeter un voile sur l'origine et la cause des troubles, qui ont eu la générosité de pardonner aux coupables qui avoient échappé au carnage. Mais c'est principalement la société des amis de la Constitution, devant lesquels j'ai l'honneur de parler, qui a mis le sceau à la paix et à la tranquillité qui règnent dans cette Ville. Oui, Messieurs, depuis votre institution, c'est votre génie, c'est votre patriotisme, ce sont vos lumières qui ont sur-tout déconcerté les ennemis de la révolution : oui, c'est vous, mes amis et mes frères, qui avez rétabli le calme dans une ville, où les soupçons perfides et la discorde farouche avoient établi leur demeure. Vous vous êtes montrés, et soudain le fanatisme s'est évanoui devant vous. La superstition, couverte de honte, a fui avec horreur votre aspect intrépide. Vous avez parlé, et le peuple a été éclairé, et nos héroïques Législateurs ont reçu les hommages, que méritent leurs vertus civiques et leurs sublimes talens. Vous avez présenté la révolution sous son vrai point de vue. Vos Concitoyens désabusés, ont déchiré avec colère le voile de l'erreur, ce voile funeste, dont des mains perfides et scélérates les avoient enveloppés. Vous avez démontré que les décrets immortels de l'Assemblée Nationale étoient les lois les plus sages, les plus justes, les plus religieuses, que la raison, la vertu et le génie eussent jamais dictées à l'humanité. On s'est convaincu par vous que les plus célèbres Législateurs des peuples antiques ne pouvoient soutenir le parallèle avec les augustes Représentans de la Nation française. Vous avez fait voir que les lois, qu'ils donnoient à ce superbe Empire, établissoient le Trône et l'Autel sur des bases solides et immuables ; que le Monarque recevoit d'eux, au nom de la Nation, une autorité légitime et sacrée ; qu'ils remplissoient la Religion éplorée de consolation et de joie, en ramenant, par la sagesse de leurs décrets, ses Ministres à leur institution primitive. Vous avez fait voir que nos Législateurs faisoient jouir l'homme de tous ses droits ; que c'étoit par leurs mains que le despotisme avoit été terrassé, et que par conséquent ils méritoient le respect et la vénération de toutes les ames sensibles. En effet, s'ils avoient vécu du temps des Minos et des Numa, la terre surprise de tant de courage, de génie et de prudence, les auroit regardés comme des intelligences célestes. Elle se seroit prosternée à leurs pieds pour les adorer ; et n'aurions-nous pas aujourd'hui quelque espèce de prétexte pour excuser son idolâtrie ?

Voilà, mes amis et mes frères, les grandes et les véritables idées que vous avez données avec une éloquence sublime et une intrépidité surnaturelle des Représentans de la Nation. Voilà les magnifiques couleurs avec lesquelles vous avez peint, aux yeux du peuple séduit, cet édifice simple et majestueux qu'ils élèvent avec tant de courage pour le bonheur de tous. Vous devez partager les hommages que nous leur rendons à eux-mêmes. Tous les bons Français vous aiment et vous respectent : ils détestent les absurdes calomniateurs, qui ont eu l'effronterie de vouloir noircir vos généreux desseins et votre ardent patriotisme. Que je brûlois d'impatience, mes amis et mes frères, de vous offrir en par-

ticulier l'hommage de mon estime et de ma vénération pour vous , d'épancher mon cœur dans
le vôtre , de vous faire part de vive voix des
sentimens patriotiques, dont vous savez que je
suis animé , et que vous avez daigné applaudir
dans mes foibles écrits ! Qu'il me tardoit de vous
dire combien je vous aime , combien je suis pé-
nétré de respect et d'admiration pour les vertus
civiques , dont vous faites profession devant
toute la France, qui ne cesse de fixer sur vous
des yeux satisfaits ! Ah ! que je désirois de vous
dire combien les alarmes , que vous m'avez
inspirées, ont été cruelles ! Qu'il me tardoit de
verser avec vous des larmes de joie, en réfléchissant ensemble aux périls horribles que vous
avez courus, et dont un Dieu propice vous a
délivrés ! Ah ! si vous saviez combien j'ai par-
tagé vos peines et vos inquiétudes ! Pendant que
le fanatisme , l'intérêt et l'hypocrisie souffloient
dans vos murs le feu de la discorde, ah ! mon
ame alarmée planoit sur vos toits ; elle erroit
parmi vous, vous suivoit pendant le jour dans
cette enceinte , dans les places publiques, au
sein de vos tremblantes familles. Elle sembloit
veiller pour votre sûreté , lorsque , dans le silence
des nuits , vous vous livriez aux douceurs du
sommeil. Pourquoi une fatale destinée m'enchaî-
noit-elle loin de vous, lorsqu'on tramoit contre votre vie les plus noirs complots ? Pourquoi
m'empêchoit-elle de voler au-devant des piques
cruelles et des lances redoutables, qui vous menaçoient d'une mort tragique ? Si mon caractère
sacré, si mes discours religieux et patriotiques ,
si mes larmes et mes cris, si le signe pacifique
d'un Dieu de douceur et de charité, que j'aurois
présenté aux assassins, n'en avoient imposé à

leur fureur et à leur rage, j'aurois eu du moins la douce, l'inexprimable satisfaction de vous embrasser en mourant, et de mêler mon sang au sang de mes amis et de mes frères.

Mais, jetons un voile épais sur ces horreurs; ne rappelons pas des souvenirs funestes : les ames sensibles en seroient déchirées. Cherchons au contraire à nous consoler des malheurs passés. Tout semble nous engager à ouvrir notre cœur à la joie. La discorde a fui. Le fanatisme semble s'être éloigné. Un esprit de paix et de concorde paroît vouloir régner dans ces murs sur les débris de tant d'intérêts, et parmi le choc de tant d'opinions différentes. Les soupçons s'évanouissent : l'ordre renaît. Les tonnerres de Mars ne se font plus entendre : les Légions et l'illustre Régiment de Guyenne, qui compte autant de Citoyens que de Soldats, et qui a servi la Patrie avec un courage héroïque, ont remis le glaive dans le fourreau. Les armes ne brillent encore dans leurs mains que pour la sûreté publique. Le Citoyen paisible commence à respirer : le Commerçant reprend ses travaux ordinaires : l'épouse consolée ne craint plus pour son époux : les mères tendres et sensibles essuyent leurs larmes, et se colent au cou de ces chers enfans qu'elles n'espéroient plus d'embrasser : le père est reçu avec transport dans les bras de sa famille désolée. A des jours d'orage et de tempête succèdent enfin des jours de calme et de sérénité.

Infortunés mortels ! si, dans cette vie passagère, nous luttons sans cesse contre la peine et le malheur, ah ! du moins, aidons-nous à supporter nos maux. Enfans d'un même Dieu, Citoyens d'une même Patrie, n'ayons tous que les mêmes sentimens , puisque nous avons tous les mêmes intérêts. Réunissons donc nos volontés et nos cœurs : aimons-nous; vivons en frères. Que l'amitié soit le baume salutaire, qui guérisse les plaies de l'ame. Nous pouvons vivre si heureux ! nous étions esclaves et nous sommes libres : nous avions un Despote, et nous avons un Roi. Nos Monarques, et sur-tout leurs indignes Ministres, avoient fait descendre la Nation au dernier degré de l'humiliation et de l'infamie ; nous la voyons aujourd'hui, rayonnante de splendeur et de gloire, tenir dans ses mains souveraines le sceptre de sa puissance. Nous étions la plupart exclus des emplois publics ; et nos vertus et nos talens peuvent nous élever aujourd'hui à tous les grades et à toutes les dignités. Une ligne humiliante de démarcation avoit été tirée entre la Nation et quelques Individus privilégiés ; et nous né faisons tous maintenant qu'une seule et même famille. Nous arrosions de nos sueurs les champs de nos pères, pour fournir au luxe effréné de quelques courtisans avides, de quelques prêtres corrompus, de quelques scélérats qui s'engraissoient de notre substance, et qui ne nous regardoient que comme des vers de terre ; aujourd'hui nous profiterons de nos travaux, puisque nous ne travaillerons que pour l'intérêt commun de la Patrie. La Loi faisoit continuellement acception des personnes : oui, la même Loi condamnoit les pauvres et les foibles, quoiqu'innocens, et protégeoit les riches et les puissans, quoique coupables ; des fautes légères étoient punies de mort, et les grands crimes échappoient à la vengeance publique : la Loi sera aujourd'hui la même pour tous, puisque la nature et la religion nous rendent tous égaux en

droits, et que la société ne peut détruire l'ou-
vrage de la religion et de la nature. Nous pleu-
rions sur la honte du sacerdoce et l'avilissement
du sanctuaire ; une infame prostituée plaçoit
elle-même de ses mains impures et sacrilèges ,
sur le trône de l'Eglise, des Pasteurs mercenaires,
dont l'arrogance , l'ineptie et les débauches
étoient connues de tout le monde : dans la
suite, et nous pouvons encore le voir de nos
yeux, les ministres des autels et les pontifes de
J. C. choisis par le peuple, vivront dans une
honorable simplicité, feront chérir à tous les
hommes, par leurs discours et par leurs exem-
ples , cette religion de charité et de douceur ,
cette religion de pauvreté et d'humilité que notre
divin Législateur est venu établir sur la terre.

Avec des biens si inestimables et communs à
tous, pourrions-nous encore rester désunis ? con-
serverions-nous encore dans nos cœurs un levain
de discorde et de haine ? Non, il n'en sera pas
ainsi : j'aime à me livrer à un espoir consolant.
Je vois un avenir des plus heureux. Je vois la
France s'élever aux plus hautes destinées. Je vois
la religion de nos pères reprendre son éclat et
sa dignité première. Je vois le trône et l'autel
se servir mutuellement de soutien et d'appui.
Un esprit de fraternité et de concorde va réunir
toutes les volontés et tous les sentimens. Laissez
s'écouler dans les abymes du tombeau, comme
des eaux impures , les principaux auteurs des
troubles, quelques-uns de ces hommes intéressés
à empêcher la destruction des abus et la régénération de l'empire. La vieillesse pesante , qui
a blanchi leurs cheveux et ridé leurs fronts ,
vous annonce leur ruine prochaine ; les soucis
cuisans que leur inspire la révolution, vont hâter

leur mort : quoiqu'ils soient des êtres exécrables ,
ah ! je vous en conjure, que leur sang vous soit
sacré : laissez-les descendre en paix dans les entrailles de la terre, où l'ignominie va les suivre
et flétrir leurs cendres. Vous verrez s'élever à
leur place des vrais Citoyens et des amis ardens
de la Constitution. Encore quelques jours, et
nous chérirons la vie : encore quelques jours,
et nous verrons se réaliser les espérances flatteuses que je vous annonce ici dans toute l'effusion de mon cœur : encore quelques jours, et
nous allons devenir l'admiration de l'univers,
nous allons servir de spectacle à tous les esprits
célestes. Tous les peuples, détestant à notre
exemple les tyrans qui les oppriment, les préci-
piteront du trône ensanglanté, où ils dictent
avec arrogance leurs volontés arbitraires. Se-
couant, comme nous, les chaînes de leur escla-
vage, ils s'empresseront d'adopter notre constitution et nos lois. Nos voisins, les habitans
du Comtat d'Avignon, commencent déjà d'imi-
ter notre courage. Ils s'électrisent au foyer de
notre patriotisme. Avides de jouir de leur liberté,
ils frémissent de rage en considérant les entraves
qui les lient, et les préjugés absurdes dont ils
sont les tristes esclaves. Je les vois déjà abattre
de leur main redoutable ce Tribunal de sang,
qui faisoit frémir la religion et l'humanité en
voulant régner sur les consciences et en immo-
lant à un Dieu de paix des victimes humaines.
Ils travaillent avec une persévérante intrépidité
à se rétablir dans leurs droits et à devenir libres.

L'Angleterre, qui a acheté par cent ans de
guerres et par des torrents de sang la constitution aristocratique, dont elle étoit si fière avant

que la France fût libre, est jalouse de notre bonheur, et s'élève comme nous aux plus hautes destinées. La chambre des Communes, autorisée par tous les Comtés réunis des Provinces, vient d'anéantir la Chambre haute, et adopte le plan de notre Assemblée Nationale. Elle a signifié au Monarque qu'il étoit le premier sujet de la Loi, et qu'elle ne vouloit plus qu'il fît la guerre sans le consentement de la Nation. L'Espagne, que nous avions cru plongée dans les ténèbres de la superstition et de l'ignorance, s'agite et s'ébranle dans toutes ses parties. Soupirant après une régénération universelle, elle vient de laver dans le sang odieux du grand Inquisiteur, les forfaits atroces dont le fanatisme l'avoit rendu coupable pendant tant de siècles. Charles IV, indigné du courage et du patriotisme des Espagnols, aimant toujours mieux être Despote que Roi, n'a pas le bonheur d'avoir la belle ame de Louis XVI: il s'est sauvé sur les côtes, et il appelle à son secours tous les Despotes de l'Europe.

Ne doutons pas, mes amis et mes frères, que le feu de leur patriotisme ne gagne toutes les régions. Soyons sûrs que la terre, ce lieu d'horreur et de discorde, où le despotisme tient tout enchaîné, verra bientôt la paix, la liberté et le bonheur se fixer sur elle, et qu'elle présentera l'image du Ciel aux mortels enchantés. Par nous toutes les Nations seront libres : elles nous devront leur félicité ; elles béniront à jamais les heureux Français. Quelle gloire pour nous, quelle douce satisfaction d'avoir élevé l'édifice du bonheur public ! quelle magnifique destinée, d'avoir fait un peuple de frères et d'amis, d'une troupe d'hommes qui, semblables à des Tigres furieux, cherchoient sans cesse à se déchirer les uns les autres, à se repaître mutuellement de leur sang, et à ne vivre qu'au milieu des ravages et des ruines! Si nous étions célèbres dans le monde par la sublimité de notre génie et l'étendue de nos connoissances, nous deviendrons chers à tous les hommes, pour les avoir éclairés sur leurs intérêts et sur leurs droits.

Pardonnez, mes amis et mes frères, si, pour vous peindre mes sentimens, je me contente de m'abandonner à mon cœur, sans avoir recours aux prestiges séduisans de cette éloquence enchanteresse, qu'on admire dans vos écrits. Ah! c'est dans ce moment, le plus heureux de ma vie, que je désirerois d'être doué de ces rares talens dont la nature vous a ornés. Mais que dis-je? qu'ai-je à désirer? ne suis-je pas assuré de ravir vos suffrages en vous disant, avec une touchante et délicieuse simplicité: Mes amis et mes frères, aimez vous : je veux les répéter ces belles et sublimes paroles, mes amis et mes frères, aimez-vous. Disons tous de concert et avec la plus vive sincérité, aimons-nous. En le disant, que nos entrailles s'émeuvent ; que des tressaillemens de volupté nous agitent ; que des larmes de joie coulent avec abondance de nos yeux : que ces douces larmes effacent jusqu'à la dernière trace de ces haines envenimées, de ces discordes fatales, dont nous avons tous été les malheureuses victimes.

F I N.